Bibliografische Information der Deutschen Nationalbibliothek:

Die Deutsche Bibliothek verzeichnet diese Publikation in der Deutschen National-
bibliografie; detaillierte bibliografische Daten sind im Internet über http://dnb.d-
nb.de/ abrufbar.

Impressum:

Copyright © 2007 GRIN Verlag, Open Publishing GmbH
Druck und Bindung: Books on Demand GmbH, Norderstedt Germany
ISBN: 978-3-668-13931-2

Dieses Buch bei GRIN:

http://www.grin.com/de/e-book/282244/vor-und-nachteile-einer-open-source-soft-
ware

Christoffer Riemer, Jan Schwenke

Vor- und Nachteile einer Open Source Software

GRIN Verlag

Vor- und Nachteile einer Open Source Software

Christoffer Riemer und Jan Schwenke

Inhaltsverzeichnis

Abkürzungsverzeichnis

Abkürzung	Bezeichnung
Abb.	Abbildung
BSD	Berkeley Software Distribution
CERN	Conseil Européen pour la Recherche Nucléaire
CLZ	Content Lebenszyklus
CM	Content Management
CMS	Content Management System
CR	Christoffer Riemer
CSS	Cascading Style Sheets
DMS	Dokumenten Management System
DV	Datenverarbeitung
ECM	Enterprise Content Management
ECMS	Enterprise Content Management System
ERM	Entity-Relationship-Modell
et al.	et alii
GPL	GNU General Public License
GNU	GNU´s Not Unix
HTML	Hypertext Markup Language
ISO	International Standards Organization
IT	Informationstechnologie
IWI	Institut für Wirtschaftsinformatik
JS	Jan Schwenke
KMS	Knowledge Management System
K.O.	knocked out
LAMP	Linux-Apache-MySQL-PHP
LGPL	Lesser General Public License
OSI	Open Source Initiative
OSS	Open Source Software
o. J.	ohne Jahr
o. S.	ohne Seite
o. V.	ohne Verfasser
PDA	Personal Digital Assistant

PDF	Portable Document Format
PHP	Hypertext Preprocessor
RRZN	Regionales Rechenzentrum Niedersachsen
SGML	Standard Generalized Markup Language
SQL	Structured Query Language
S.	Seite
Tab.	Tabelle
TCO	Total Cost of Ownership
URL	Uniform Resource Locator
USP	Unique Selling Proposition
Vgl.	Vergleiche
W3C	World Wide Web Consortium
WAP	Wireless Application Protocol
WCM	Web Content Management
WCMS	Web Content Management System
WWW	World Wide Web
WYSIWYG	What You See Is What You Get
XHTML	Extensible Hypertext Markup Language
XML	Extensible Markup Language

Vorwort

Die vorliegende Arbeit wurde zusammen von Christoffer Riemer und Jan Schwenke geschrieben. Zur Kennzeichnung der Autoren wird am Anfang jedes Abschnittes ein Namenskürzel eingefügt. Das Kürzel (CR) kennzeichnet die von Christoffer Riemer geschriebenen Abschnitte. Abschnitte, die mit dem Kürzel (JS) beginnen, wurden von Jan Schwenke verfasst.

Einleitung

(JS) Eine aktuelle Studie der *Europäischen Kommission* aus dem Jahre 2006 unter der Leitung der Universität Maastricht kommt zu dem Ergebnis, dass Open Source Software (OSS) ein relevanter Wirtschaftsfaktor ist. Gemäß der Studie müssten Unternehmen ca. 12 Milliarden Euro oder umgerechnet 131.000 Jahre Programmierarbeit investieren, um die aktuell existierenden qualitativ hochwertigen Open Source Anwendungen selbst zu programmieren sowie eine angemessene Qualitätskontrolle und Distribution sicherzustellen.[1] OSS ist mittlerweile eine bedeutende Alternative zu kommerziellen Softwareprodukten und wird von immer mehr mittelständischen Unternehmen eingesetzt.[2] Neben Anwendungen im Back-Office-Bereich als Betriebssystem, Webserver, Sicherheitssoftware oder Office-Anwendung, gewinnt OSS auch im Bereich des Content Managements zunehmend an Bedeutung.[3] Auf dem Markt für CMS macht sich diese Entwicklung durch eine steigende Anzahl von Open Source CMS bemerkbar.[4]

Zum besseren Verständnis des Gedankens hinter der Open Source Bewegung und zur Würdigung der Rolle von OSS auf dem Markt für CMS werden im Folgenden die wesentlichen Eigenschaften sowie die Vor- und Nachteile von OSS dargestellt.

1 Definition und Begriffsabgrenzung

(JS) Der englische Begriff „Open Source" kann mit „quelloffen" übersetzt werden und wird auf Software angewendet, deren Quelltext frei zugängig ist. OSS unterscheidet sich damit von proprietärer Software[5], deren Quelltext nicht frei zugängig ist (closed source).

Die Grundidee hinter der Open Source Bewegung ist die gemeinschaftliche und selbstorganisierte Entwicklung von Software auf freiwilliger Basis. Durch die Vielzahl der Entwickler sowie durch deren Engagement und Motivation bei der Entwicklungsarbeit wird eine qualitativ hochwertige, flexible und herstellerunabhängige Softwareentwicklung angestrebt.[6] Die Basis für die Open Source Bewegung wurde im Jahre 1984 gelegt, als

---

[1]   Vgl. Europäische Kommission (2006), S. 10.
[2]   Vgl. Mosch (2004), S. 21.
[3]   Vgl. Pols et al. (2004), S. 55.
[4]   Vgl. Staaden (2006), S. 1.
[5]   „Proprietary software is software that is not free or semi-free. Its use, redistribution or modification is prohibited, or requires you to ask for permission, or is restricted so much that you effectively can't do it freely." (GNU (o. J.b), S. 5 – 6).
[6]   Vgl. Nix et al. (2005), S. 64 – 65; Freyermuth (2001), S. 177.

Richard Stallman das GNU Projekt[7] gründete, um ein freies, unixartiges Betriebssystem zu entwickeln.[8] Der Begriff OSS trat allerdings erstmalig im Jahre 1998 auf und wird von der Open Source Initiative[9] anhand folgender wesentlicher Kriterien definiert:[10]

- OSS darf an beliebige Dritte weitergegeben werden. Der Autor behält zwar die Urheberrechte an der Software, hat jedoch keine Möglichkeit, die entgeltliche oder unentgeltliche Weitergabe zu verhindern oder einzuschränken.

- Der Quelltext der OSS muss frei zugängig sein, offen gelegt werden und sollte der Software beiliegen. Ist dies nicht der Fall, muss der Quelltext in geeigneter Art und Weise zugängig gemacht werden.

- Der Urheber muss Modifikationen an seiner Software erlauben. Die modifizierte Software muss unter den gleichen Bedingungen verbreitet werden können wie das Original. Zur Sicherung der Integrität der originalen Software kann der Urheber verlangen, dass Modifikationen als separater Patch angeboten werden.

- Es darf keine Diskriminierung von Personen oder Benutzergruppen erfolgen. OSS-Lizenzen dürfen somit weder bestimmte Benutzergruppen noch Personen von der Nutzung der OSS ausschließen. Auch der Verwendungszweck und Einsatz der Software darf nicht eingeschränkt werden.

Eine Software, die alle oben genannten Kriterien erfüllt, stellt OSS im Sinne der Open Source Initiative dar; die Erfüllung eines Kriteriums allein reicht hingegen nicht aus. Mithilfe dieser Merkmale, vor allem der Offenlegung des Quelltextes und dem Recht der freien Weitergabe, kann OSS von anderen Softwarearten abgegrenzt werden.[11] Hierbei sind proprietäre beziehungsweise kommerzielle Software, Shareware, kommerzielle OSS und Freeware zu nennen.

---

[7] GNU ist ein rekursives Akronym für „GNU's Not Unix" (vgl. GNU (o. J.a), S. 1). Weitere Informationen zum GNU Projekt sind im Internet unter der Adresse http://www.gnu.org zu finden.

[8] Vgl. Stallman o. J., S. 8 – 9; GNU (o. J.a), S. 1.

[9] Die Open Source Initiative (http://www.opensource.org) ist eine Organisation zur Förderung von Open Source Software.

[10] Vgl. Open Source Initiative (2007), S. 1 – 5; Renner et al. (2005), S. 12 – 13.

[11] Vgl. Renner et al. (2005), S. 12 – 13.

		Technisches Merkmal: **Offenlegung des Quelltextes**	
		Ja	**Nein**
Ökonomisches Merkmal: freie Weitergabe	Ja	Nicht-kommerzielle Open Source Software, z. B. Debian GNU-Linux[12], Joomla![13]	Freeware, Shareware, z. B. Adobe Acrobat Reader[14], Winamp[15]
	Nein	Kommerzielle Open Source Software, z. B. Turbolinux[16], Red Hat Linux[17]	Kommerzielle/proprietäre Software, z. B. Microsoft Windows Vista[18]

Tab. 1: Abgrenzung von OSS und anderen Softwarearten

Quelle: Eigene Darstellung in Anlehnung an Berlecon Research (2002), S. 11; Kooths/Langenfurth/Kalwey (2003), S. 33.

Proprietäre beziehungsweise *kommerzielle* Software ist nicht quelloffen sodass Modifikationen nicht möglich sind oder durch den Urheber verboten werden. Die kostenlose Weitergabe ist in der Regel lizenzrechtlich untersagt. *Shareware* räumt dem Anwender ein zeitlich oder funktional eingeschränktes, kostenloses Nutzungsrecht ein. Nach Ablauf dieses Nutzungszeitraums oder zur Aktivierung des vollen Funktionsumfangs müssen Lizenzgebühren an den Urheber entrichtet werden. *Kommerzielle OSS* wird zwar gegen ein Entgelt veräußert, aufgrund der OSS-Lizenz können allerdings keine Eigentumsrechte durchgesetzt werden, sodass eine unentgeltliche Redistribution des Produktes möglich ist.[19] Der Verkauf von OSS ist das Geschäftsmodell von so genannten OSS-Distributoren.[20] Bei *Freeware* erteilt der Urheber einer Software dem Anwender ein kostenloses Nutzungs- und Weitergaberecht; der frei verfügbare Quelltext und das Recht zur Modifikation sind dagegen keine zwingend notwendigen Merkmale von Freeware.[21]

---

[12] http://www.ubuntu.com/.
[13] http://www.joomla.org/.
[14] http://www.adobe.com/de/products/reader/.
[15] http://www.winamp.com/.
[16] http://www.turbolinux.com/.
[17] http://www.redhat.com/.
[18] http://www.microsoft.com/germany/windows/products/windowsvista/default.mspx.
[19] Vgl. Franck (2003), S. 527.
[20] Vgl. Abschnitt 4 für mehr Informationen zu OSS-Geschäftsmodellen.
[21] Vgl. Renner et al. (2005), S. 14 – 15.

2 Open Source Software Lizenzen

(JS) OSS ist nicht lizenzfrei und gehört dem Urheber. In einer Vielzahl spezieller Lizenzen werden die rechtlichen Rahmenbedingungen zur Nutzung, Modifikation, Analyse und Weitergabe der Software festgelegt, die der Urheber den Anwendern einräumt.[22] Im Gegensatz zu Lizenzen für proprietäre Software schützen OSS-Lizenzen nicht überwiegend die Interessen des Urhebers.[23] Vielmehr ist es ein besonderes Merkmal von OSS-Lizenzen die Rechte des Anwenders zu stärken und ihm über die reine Nutzung hinaus zusätzliche Rechte einzuräumen, wie beispielsweise die Modifikation und Weitergabe der Software.[24] Aktuell existiert eine ständig wachsende Anzahl unterschiedlicher, von der Open Source Initiative zertifizierter OSS-Lizenzen.[25] Abb. 1 gibt einen Überblick über die relative Verteilung der Lizenzen im OSS-Projektportal SourceForge.net.[26]

OSS-Lizenzen

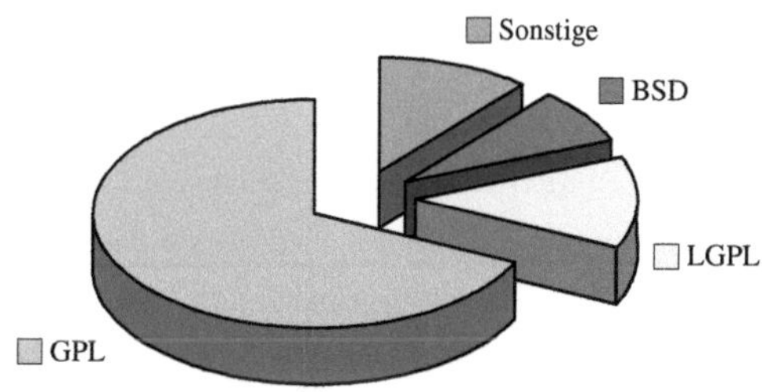

Abb. 1: Verteilung der OSS-Lizenzen bei SourceForge

Quelle: Eigene Darstellung in Anlehnung an SourceForge (2007), S. 2.

---

[22] Vgl. Renner et al. (2005), S. 19; Heinze/Keller (2004), S. 41.

[23] „The licenses for most software are designed to take away your freedom to share and change it. By contrast, the GNU General Public License is intended to guarantee your freedom to share and change free software to make sure the software is free for all its users." (Free Software Foundation (1991), S. 2).

[24] Vgl. Kleijn (2006), S. 1.

[25] Die Open Source Initiative listet aktuelle OSS-Lizenzen unter der Adresse http://www.opensource.org/licenses/index.php.

[26] http://sourceforge.net/.

Zu den wichtigsten Lizenzen zählen die GNU General Public License[27] (GPL), die Lesser GNU General Public License[28] (LGPL) und die Berkeley Software Distribution License[29] (BSD). Das wesentliche Unterscheidungsmerkmal der Lizenzen ist das Copyleft[30]. Unter dem Begriff Copyleft versteht man die Art und Weise, wie bei Modifikationen des Quelltextes von OSS sowie dessen Kombination mit proprietärer und kommerzieller Software vorzugehen ist.[31]

Die GPL wurde als Grundlage für das GNU Projekt von *Richard Stallman* entworfen und erfüllt alle wesentlichen Kriterien für OSS[32]. Darüber hinaus enthält sie weitere wichtige Klauseln bezüglich des Copylefts. Derivate, also Programme, die Quelltextbestandteile GPL-lizenzierter OSS enthalten und die zur Weitergabe bestimmt sind, müssen als Gesamtprodukt wiederum der GPL unterliegen.[33] Der Quelltext von GPL-lizenzierter Software darf somit nicht in proprietärer (closed source) zum Verkauf bestimmter Software verwendet werden. Wenn die Derivate nicht für die kommerzielle Weiterverbreitung bestimmt sind, sondern unternehmensintern verwendet werden sollen, so besteht die Möglichkeit Quelltextbestandteile aus GPL-lizenzierter Software mit proprietärer Software zu kombinieren und Modifikationen vorzunehmen. Für den Quelltext des Gesamtproduktes besteht in diesem Fall kein Veröffentlichungszwang.[34]

Eine abgeschwächte Version der GPL ist die LGPL. Sie ermöglicht die Verwendung LGPL-lizenzierter OSS-Bestandteile in proprietären Softwareprodukten. Wird ein der LGPL unterliegender OSS-Bestandteil verändert, muss die modifizierte Version des Bestandteils wiederum der LGPL unterliegen sofern sie zur Weiterverbreitung bestimmt ist.[35]

Die BSD Lizenz, ursprünglich von der University of California entwickelt, ist im Vergleich zur GPL oder LGPL weitaus liberaler formuliert und sieht einen Offenlegungszwang des Quelltextes nicht vor.[36] BSD-lizenzierte Softwareprodukte dürfen in jeder Form, auch in Binärform, weitergegeben werden und ihre Bestandteile dürfen in kommerzieller Software

---

[27] Vgl. vertiefend http://www.gnu.org/copyleft/gpl.html.
[28] Vgl. vertiefend http://www.gnu.org/copyleft/lesser.html.
[29] Vgl. vertiefend http://www.opensource.org/licenses/bsd-license.php.
[30] Zum Begriff des Copyleft vgl. vertiefend http://www.gnu.org/copyleft/.
[31] Vgl. OpenFacts (2006), S. 9.
[32] Vgl. Abschnitt 1.
[33] Vgl. Heinze/Keller (2004), S. 43.
[34] Vgl. Reiter (2004), S. 86; Renner et al. (2005), S. 20 – 21; OpenFacts (2006), S. 3 – 4.
[35] Vgl. Reiter (2004), S. 86; Renner et al. (2005), S. 21; OpenFacts (2006), S. 4 – 5.
[36] Vgl. Heinze/Keller (2004), S. 43.

verwendet werden. Modifikationen und modifizierte BSD-Bestandteile müssen nicht zwingend wieder der BSD Lizenz unterliegen.[37]

3 Vor- und Nachteile von Open Source Software

(JS) Der Einsatz von OSS in Unternehmen ist mit verschiedenen Vor- und Nachteilen verbunden, die von IT-Entscheidungsträgern berücksichtigt werden sollten. Tab. 2 stellt mögliche Vor- und Nachteile in einer Übersicht dar:

Vorteile von OSS	Nachteile von OSS
Keine Lizenzkosten	Gewährleistungs- und
Offener Quelltext und einfache Anpassung	Haftungsrechte
Produktqualität	Support
Stabilität	Schulungsaufwand
Keine Marktzwänge	Weiterentwicklung
Sicherheit	Applikationsverfügbarkeit
Offene Standards	Eingeschränkte Interoperabilität
Wiederverwendbarkeit	
Herstellerunabhängigkeit	

Tab. 2: Vor- und Nachteile von Open Source Software
Quelle: Eigene Darstellung in Anlehnung an Renner et al. (2005), S. 19.

3.1 Vorteile von Open Source Software

(JS) Im Gegensatz zu kommerzieller Software fallen für die Nutzung von OSS, unabhängig von der Anzahl der genutzten Installationen, keine Lizenzgebühren an. Obwohl dieses Merkmal von der Mehrheit der Anwender als wichtigster Vorteil angesehen wird, wie aus Abb. 2 ersichtlich wird, sind zur Beurteilung der langfristigen Wirtschaftlichkeit von OSS über die Lizenzgebühren hinaus die Total Cost of Ownership (TCO) zu beachten.[38] Unter den TCO versteht man die Berücksichtigung aller Kosten, die in Zusammenhang mit der Anschaffung und dem Betrieb einer IT-Komponente stehen. Dazu zählen auch

---

[37] Vgl. Renner et al. (2005), S. 21; OpenFacts (2006), S. 5 – 6.
[38] Vgl. Renner et al. (2005), S. 17.

Benutzerbetreuung und Wartung. Durch die Einbeziehung der Gesamtkosten und des Gesamtnutzens über die Nutzungsdauer hinweg wird es ermöglicht, verschiedene Softwareprodukte besser zu vergleichen und eine realistische Einschätzung der Wirtschaftlichkeit zu treffen.[39]

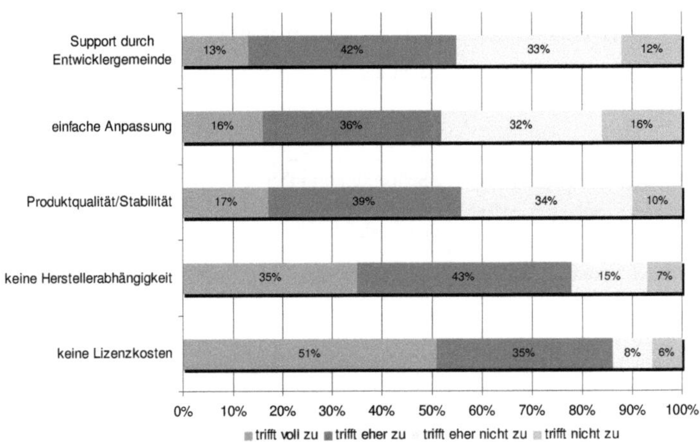

Abb. 2: Wahrnehmung der Vorteile von OSS aus Sicht der Anwender
Quelle: Eigene Darstellung in Anlehnung an Pols et al. (2004), S. 55.

Der offene Quelltext und die in den OSS-Lizenzen verankerten Rechte zur Modifikation und Erweiterung erlauben eine einfache Anpassung der Software an die individuellen Bedürfnisse von Unternehmen. Aufbauend auf den Basisfunktionen der Software können so unternehmensinterne Anpassungen, beispielsweise an spezielle Geschäftsprozesse oder Arbeitsabläufe, vorgenommen werden. Die verwendeten offenen Standards in Form von Dateiformaten, Schnittstellen und Programmiersprachen ermöglichen eine hohe Kompatibilität mit anderer Software.[40]

Ein weiterer wichtiger Vorteil von OSS ist das von *Eric Raymond* geprägte „peer-review"-Prinzip[41]. Demzufolge wird bei der Entwicklung von OSS ein spezielles Vorgehensmodell eingesetzt, das von ihm als „bazaar-style" bezeichnet wird. Kennzeichnend dafür ist, dass der offene Quelltext der OSS von einer Vielzahl von Experten begutachtet, analysiert und

---

[39] Vgl. Hansen/Neumann (2005), S. 537.
[40] Vgl. Renner et al. (2005), S. 16 – 17.
[41] Das „peer-review" ist eine wissenschaftliche Basistechnik, bei der Experten die Arbeit von Kollegen begutachten (vgl. Freyermuth (2001), S. 183).

kontinuierlich weiterentwickelt wird. Fehler und Sicherheitslücken können somit schneller erkannt und beseitigt werden als bei klassischer Softwareentwicklung, sodass OSS häufig eine hohe Qualität zugesprochen wird.[42]

Ferner unterliegt OSS, im Unterschied zu kommerzieller Software, keinen Marktzwängen; insbesondere gibt es keine festen Veröffentlichungstermine, sodass sich auch der fehlende Termindruck während der Entwicklung positiv auf die Qualität der Software auswirken kann.[43]

Die Wiederverwendbarkeit von Quelltextbestandteilen und Komponenten von OSS bei Softwareentwicklungen und -modifikationen ermöglicht die Einsparung von Entwicklungszeiten, da bewährte Komponenten nicht jedes Mal neu programmiert werden müssen. Die Analyse des Quelltextes erlaubt es weiterhin, bereits vorhandene Problemlösungen nachzuvollziehen und daraus zu lernen. Es werden somit Lernprozesse angeregt und ein Know-how-Transfer zwischen den Entwicklern findet statt.[44]

Im Gegensatz zu kommerzieller Software zwingt OSS die Anwender nicht in ein Abhängigkeitsverhältnis zu einem Hersteller. Insbesondere bei häufigen Releasewechseln, ungünstiger Lizenzpolitik, Weiterentwicklungseinstellung oder drohender Insolvenz eines Herstellers können bei hoher Abhängigkeit erhebliche Kosten für Anwender entstehen. Anwender von OSS sind relativ herstellerunabhängig, da die erweiterten Nutzungsrechte die eigene Weiterentwicklung der Software erlauben.[45]

3.2 Nachteile von Open Source Software

(JS) Anwender von OSS können in der Regel keine Gewährleistungs- und Haftungsansprüche gegen die Entwicklergemeinde geltend machen. Weiterhin wird auch keine Garantie für die Funktionstüchtigkeit und die Verfügbarkeit der Software übernommen, was insbesondere bei unternehmenskritischen Anwendungen problematisch sein kann.[46]

In vielen Bereichen hat kommerzielle Software noch einen relativ hohen Marktanteil, so dass die Anwender mit der Bedienung dieser Programme vertraut sind. Wenn die Entscheidung für den Einsatz von OSS fällt, muss entsprechendes Know-how im Unternehmen aufgebaut oder extern auf dem Markt eingekauft werden. Es kann daher von einem erhöhten

---

[42] Vgl. Wieland (2004), S. 3; Raymond (1998), S. 1 – 2.
[43] Vgl. Renner et al. (2005), S. 16.
[44] Vgl. Renner et al. (2005), S. 16.
[45] Vgl. Renner et al. (2005), S. 16; Wieland (2004), S. 7.
[46] Vgl. Renner et al. (2005), S. 17; Wieland (2004), S. 4.

Schulungsaufwand im Vergleich zu kommerzieller Software ausgegangen werden, wenn OSS im Unternehmen eingeführt wird.[47]

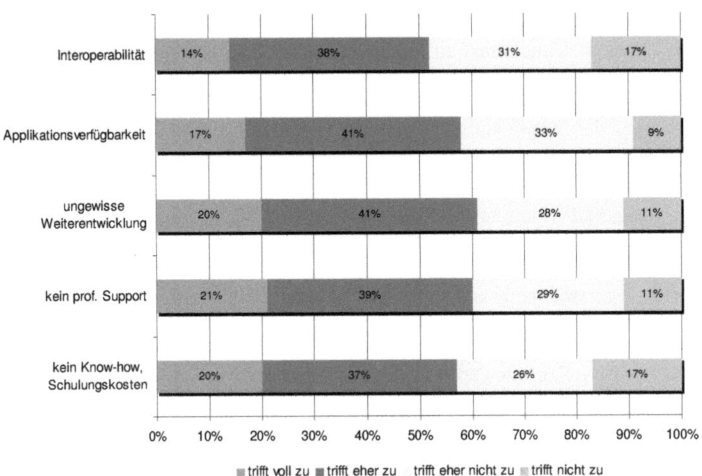

Abb. 3: Wahrnehmung der Nachteile von OSS aus Sicht der Anwender
Quelle: Eigene Darstellung in Anlehnung an Pols et al. (2004), S. 56.

Da die Entwickler von OSS keinen Verpflichtungen zur Pflege und Weiterentwicklung ihrer Software unterliegen, kann es vorkommen, dass die Arbeit an Projekten eingestellt wird. Insbesondere kleinere Open Source Projekte haben häufig Schwierigkeiten, eine kompetente Entwicklergemeinde zur langfristigen Mitarbeit zu motivieren.[48]

Weiterhin wird häufig der fehlende professionelle Support für OSS seitens der Entwickler als Nachteil angeführt. Da allerdings immer mehr professionelle Dienstleister für OSS in diesem Bereich tätig werden, ist dieser Nachteil zu relativieren.[49]

Weitere Nachteile, die mit dem Einsatz von OSS verbunden sein können, liegen in der Verfügbarkeit OSS-kompatibler Applikationen sowie in der eingeschränkten Interoperabilität von OSS mit kommerzieller Software. Ursächlich dafür sind häufig das fehlende Interesse von Herstellern kommerzieller Software an einer Kompatibilität und Interoperabilität ihrer

---

[47] Vgl. Renner et al. (2005), S. 18.
[48] Vgl. Wieland (2004), S. 9.
[49] Vgl. Renner et al. (2005), S. 17.

Produkte mit OSS, der Einsatz proprietärer Dateiformate oder die Verwendung von nicht offen gelegten Schnittstellen.[50]

4 Open Source Geschäftsmodelle

(JS) Der Verkauf von OSS ist zwar nicht untersagt, gestaltet sich aber durch die lizenzrechtlich festgelegte Möglichkeit der freien Weitergabe als schwierig umsetzbar.

Dennoch haben sich verschiedene OSS-Geschäftsmodelle entwickelt, die OSS als Grundlage für kostenpflichtige Dienstleistungen und Zusatzprodukte nutzen.[51] Die Geschäftsmodelle können grob in die Kategorien Produkt-, Dienstleistungs- und Mediator-Geschäftsmodelle eingeteilt werden.[52] In der Regel treten die Geschäftsmodelle allerdings nicht isoliert auf sondern als Mischformen und Überschneidungen.

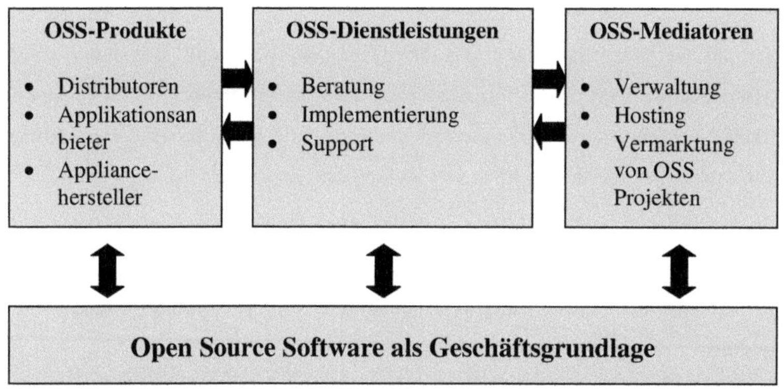

Abb. 4: Open Source Geschäftsmodelle

Quelle: Eigene Darstellung in Anlehnung an Leiteritz (2004), S. 141 – 157.

OSS-Produkt-Geschäftsmodelle umfassen die Bereiche der Distributoren, der Applikationsanbieter und der Appliance-Hersteller. Distributoren wählen OSS-Komponenten aus und stellen diese auf Datenträgern zusammen. Durch die Programmierung von zusätzlichen Installations- und Administrationsroutinen werden die einzelnen Komponenten als Gesamtprodukt nutzbar.[53] Das Geschäftsmodell der Distributoren besteht aus den

---

[50] Vgl. Renner et al. (2005), S. 18.
[51] Vgl. Kooths/Langenfurth/Kalwey (2003), S. 47.
[52] Vgl. Leiteritz (2004), S. 3.
[53] Vgl. Leiteritz (2004), S. 3.

Bereichen Zusammenstellung, Abstimmung, Test, Optimierung und Dokumentation von OSS-Komponenten sowie aus der Vermarktung und dem Vertrieb der Komplettprodukte.[54]

Im Bereich der OSS-Applikationsanbieter können drei Fälle unterschieden werden:[55] Im ersten Fall wird der Quelltext einer ehemals proprietär entwickelten Software vom Urheber freigegeben und von der Open Source Bewegung unter einer OSS-Lizenz weiterentwickelt. Die zweite Möglichkeit ist, dass ein Unternehmen eine ehemals kommerzielle Software ab einem bestimmten Zeitpunkt unter einer OSS-Lizenz weiterentwickelt. Der dritte Fall ist, wenn eine bereits existierende OSS ab einem bestimmten Zeitpunkt kommerziell von einem Unternehmen betreut wird. Mögliche Geschäftsmodelle von Applikationsanbietern sind der Verkauf komplementärer kommerzieller Softwarekomponenten zur Erweiterung der Funktionalitäten von OSS sowie der Vertrieb von OSS unter verschiedenen Lizenzmodellen, Versionen und Leistungsumfängen.[56]

Appliances sind Gerätekombinationen aus Hardware, Software und Betriebssystemen. Appliance-Hersteller passen OSS an bestimmte Hardwareplattformen und Anforderungen an und entwickeln eigene Software für Benutzerschnittstellen. Erlöse werden durch den Verkauf der Appliances sowie durch den Abschluss von Service- und Supportverträgen generiert.[57]

Unternehmen mit *Dienstleistungs-Geschäftsmodellen* bieten Dienstleistungen rund um bereits existierende OSS an. Geschäftsfelder sind die Bereiche Beratung, Analyse, Konzeption, Integration, Administration, Sicherheit, Implementierung, Support, Wartung und Schulung von und für OSS.[58]

Das Geschäftsmodell der *OSS-Mediatoren* beinhaltet die Bereitstellung eines elektronischen Marktplatzes zur Kommunikation zwischen den verschiedenen Interessensgruppen auf dem OSS-Markt. Mögliche Interessensgruppen sind beispielsweise Entwickler, Dienstleister und Anwender von OSS. Erlöse werden hauptsächlich durch Online-Werbung[59] und den Vertrieb weiterführender, kommerzieller Produkte wie Bücher oder Datenträger erzielt.[60]

---

[54] Vgl. Kooths/Langenfurth/Kalwey (2003), S. 48 – 50.

[55] Vgl. Leiteritz (2004), S. 9 – 11.

[56] Vgl. Leiteritz (2004), S. 9 – 11. Als Beispiel kann an dieser Stelle das Unternehmen eZ systems genannt werden, das sein CMS eZ publish einerseits kostenlos unter der GPL anbietet, andererseits aber auch eine Version unter einer kostenpflichtigen „Professional License" vertreibt (vgl. Nix (2005a), S. 1).

[57] Vgl. Leiteritz (2004), S. 12 – 14.

[58] Vgl. Leiteritz (2004), S. 14 – 17.

[59] Online-Werbung umfasst alle Werbemaßnahmen, die mittels Webseiten im World Wide Web durchgeführt werden. Zur weiteren Vertiefung vgl. Homburg/Krohmer (2006), S. 818 – 819.

[60] Vgl. Leiteritz (2004), S. 17 – 19. Ein Beispiel für einen Mediator ist das OSS Projektportal SourceForge.net.

Weitere Informationen zu diesem Thema finden Sie in: „Content Management Systeme. Möglichkeiten und Vorteile für kleine und mittelständische Unternehmen" von Christoffer Riemer und Jan Schwenke.

ISBN: 978-3-638-78528-0

http://www.grin.com/de/e-book/77885/

Literaturverzeichnis (inklusive weiterführender Literatur)

24ix Systems (2007)
Typo3 und Joomla im Vergleich, http://www.24ix.de/fileadmin/
documents/Typo3/Typo3-vs-Joomla.pdf, letzter Zugriff am 07.04.2007

Alkan, S. (2006)
Der Erfolg Ihrer Website: Eine Frage der Glaubwürdigkeit,
http://www.contentmanager.de/magazin/artikel_1129_erfolg_website_glaubwuerdigke
it.html, letzter Zugriff am 13.03.2007

Amberg, M. (2007)
Einführung in die betriebliche Informationsverarbeitung, http://www.wi3.uni-
erlangen.de/fileadmin/Dateien/Lehre/IV-Theorie/IVTheorie_Modul9.pdf, letzter
Zugriff am 18.04.2007

Bager, J. (2002)
Hüter der Inhalte: Websites mit Content-Management-Systemen verwalten, in: c´t,
2002, Nr. 20, S. 172 – 176

Behme, H./Mintert, S. (2000)
Einführung, in: XMLidP – XML in der Praxis, http://www.link
werk.com/pub/xmlidp/2000/xml-intro.html, letzter Zugriff am 18.02.2007

Berlecon Research (2002)
Free/Libre Open Source Software: Survey and Study, Basics of Open Source
Software Markets and Business Models, FLOSS Final Report – Part 3, Berlin 2002

Berndt, R. (2005)
Marketingstrategie und Marketingpolitik, 4., vollständig überarbeitete und erweiterte
Auflage, Berlin u. a. 2005

Bodendorf, F. (2006)
Daten- und Wissensmanagement, 2. aktualisierte und erweiterte Auflage, Berlin u. a.
2006

Bond, M. (2005)
Verschenktes Geschäftspotenzial: Rund jeder zehnte deutsche Mittelständler ohne
eigene Website, http://www.contentmanager.de /magazin/news_h13057-
print_verschenktes_geschaeftspotenzial_ rund.html, letzter Zugriff am 20.04.2007

BRD (2004)
V-Modell XT, http://v-modell.iabg.de/index.php?option=com_docman
&task=doc_download&gid=23, letzter Zugriff am 02.03.2007

Breitner, M. (2006a)
Systementwicklung und Softwareengineering, Vorlesung vom 30. Januar 2006

Breitner, M. (2006b)

Systementwicklung und Softwareengineering, Vorlesung vom 06. Februar 2006

Büchner, H./Zschau, O./Traub, D./Zahradka, R. (2001)

Web Content Management – Websites professionell betreiben, 1. Auflage, Bonn 2001

Bundesverwaltungsamt (2003)

Kompetenzzentrum CMS – CMS Toolbox – CMS-Projektleitfaden, http://www.bva.bund.de/cln_047/nn_951976/SubSites/BIT/DE/Shared/Publikationen/ GSB__Publikationen/Projektleitfaden,templateId=raw,property=publicationFile.pdf/Pr ojektleitfaden.pdf, letzter Zugriff am 17.04.2007

Christ, O. (2003)

Content Management in der Praxis – Erfolgreicher Aufbau und Betrieb unternehmensweiter Portale, 1. Auflage, Berlin 2003

Christ, O./Bach, V. (2000)

Content Management, St. Gallen 2000

Contentmanager (2006)

Umfrage: Welcher Faktor wirkt sich am stärksten auf die Glaubwürdigkeit einer Website aus?, http://www.contentmanager.de/commu nity/umfrage_84_welcher_faktor_wirkt_sich_am_staerksten_auf_ die.html, letzter Zugriff am 13.03.2007

Css4you (2007)

Browserkompatibilität, http://www.css4you.de/browsercomp.html, letzter Zugriff am 04.02.2007

Cyres (o. J.)

Redaktionssystem, http://www.cyres.de/cms-grundlagen/cms-defini tion/redaktionssystem.htm, letzter Zugriff am 08.03.2007

D Punkt (2007)

Die Java Micro Edition - Einleitung, http://www.dpunkt.de/lesepro ben/3-89864-418- 9/Kapitel_1.pdf, letzter Zugriff am 18.04.2007

Dobratz, S. (1999)

XML - eXtensible Markup Language, in: RZ-Mitteilungen, 1999, Nr. 18, S. 24 – 28

Ebersbach, A./Glaser, M./Kubani, R. (2006a)

Module, Mambots, Komponenten, in: Joomla – Das Handbuch für Einsteiger, http://pcf.pc.ohost.de/openbooks/joomla/joomla_07_ 000.htm, letzter Zugriff am 06.04.2007

Ebersbach, A./Glaser, M./Kubani, R. (2006b)
Weiterentwicklung, in: Joomla – Das Handbuch für Einsteiger,
http://www.galileocomputing.de/openbook/joomla/joomla_01_002.htm#Xxx999443,
letzter Zugriff am 12.04.2007

Europäische Kommission (2003)
Empfehlung der Kommission vom 6. Mai 2003 betreffend der Definition der
Kleinstunternehmen sowie der kleinen und mittleren Unternehmen, Aktenzeichen
K(2003) 1442, Amtsblatt der Europäischen Kommission L 124/37

Europäische Kommission (2006)
Study on the economic impact of open source software on innovation and the
competitiveness of the Information and Communication
Technologies (ICT) sector in the EU,
http://ec.europa.eu/enterprise/ict/policy/doc/2006-11-20-flossimpact.pdf, letzter
Zugriff am 13.01.2007

Faecks, W. I./Storm van´s Gravesande, B. (2001)
Erfolgskontrolle im Content Management, in: Information Management & Consulting,
Jg. 16, 2001, Nr. 3, S. 24 – 29

FH Wedel (2007)
Content Management Systeme, http://www.fh-wedel.de/~si/semina
re/ws05/Ausarbeitung/3.zope/zope2.htm, letzter Zugriff am 22.03.2007

Fiala, Z. (2002)
Web Content Management Techniken, http://www-mmt.inf.tu-
dresden.de/Lehre/Archiv/Sommersemester_02/Hauptseminar/
vortraege/Praesentation_Fiala.pdf, letzter Zugriff am 08.03.2007

Floyd, C./Oberquelle, H. (2004)
Produktverwaltung, Programmierung und Test, http://www.informatik.uni-
hamburg.de/SWT/attachments/LVTermine/ WS04-05_VL-13_STE_Prog&Testen.pdf,
letzter Zugriff am 11.04.2007

Franck, E. (2003)
Open Source aus ökonomischer Sicht – Zu den institutionellen Rahmenbedingungen
einer spenderkompatiblen Rentensuche, in: Wirtschaftsinformatik, Jg. 45, 2003, Nr. 5,
S. 527 – 532

Free Software Foundation (1991)
GNU General Public License, http://www.gnu.org/licenses/gpl.html, letzter Zugriff
am 10.04.2007

Freyermuth, G. (2001)
Offene Geheimnisse – Aus der Open-Source-Geschichte lernen, Teil I, in: c´t, 2001,
Nr. 20, S. 176 – 184

Geihs, K. (2001)

Netzarchitektur, in: Mertens, P. (Hrsg.), Lexikon der Wirtschaftsinformatik, 4., vollständig neu bearbeitete und erweiterte Auflage, Berlin u. a. 2001, S. 321

Gersdorf, R. (2002)

Potenziale des Content-Managements, in: Wirtschaftsinformatik, Jg. 44, 2002, Nr. 1, S. 75 – 78

Glantschnig, P. (2004)

Innovative Content Management Systeme im Betrachtungsfeld von Java 2 Enterprise Edition, http://www.iicm.edu:8000/thesis/ pglantschnig/html/da-cms.htm, letzter Zugriff am 20.03.2007

GNU (o. J.a)

GNU's Not Unix! - Free Software, Free Society, http://www.gnu.org/, letzter Zugriff am 29.01.2007

GNU (o. J.b)

Categories of Free and Non-Free Software, http://www.gnu.org/philosophy/categories.html, letzter Zugriff am 10.04.2007

GNU (o. J.c)

Das GNU-Betriebssystem – Frei wie in Freiheit, http://www.gnu.org/ home.de.html, letzter Zugriff am 11.04.2007

Goesmann, T./Hoffeld, A./Kölle, A. (2001)

Einführung eines Know-how-Portals bei der Akademie Fresenius, in: Information Management & Consulting, Jg. 16, 2001, Nr. 3, S. 69 – 75

Görk, M. (2001)

Customizing, in: Mertens, P. (Hrsg.), Lexikon der Wirtschaftsinformatik, 4., vollständig neu bearbeitete und erweiterte Auflage, Berlin u. a. 2001, S. 126 - 128

Graf, H. (2006a)

Joomla! 1.5 - Websites organisieren und gestalten mit dem Open Source-CMS, München 2006

Graf, H. (2006b)

Phänomen Joomla!, http://www.contentmanager.de/magazin/artikel_1020_cms_Joomla.html, letzter Zugriff am 28.02.2007

Grasl, O./Rohr, J./Grasl, T. (2004)

Prozessorientiertes Projektmanagement – Modelle, Methoden und Werkzeuge zur Steuerung von IT-Projekten, München u. a. (2004)

Hansen, H. R./Neumann, G. (2005)
Wirtschaftsinformatik 1 – Grundlagen und Anwendungen, 9. Auflage, Stuttgart 2005

Hasenkamp, A. (2007)
Lastenheft und Pflichtenheft - Was sie sind und was sie nützen,
http://www.redaktionsdienst.net/tipps/lastenheft-pflichtenheft.html, letzter Zugriff am
21.03.2007

Hanser, T./Wenz, C. (2006)
Joomla! und Mambo, http://files.hanser.de/hanser/docs/20060227 _26227171515-
116_3-446-40690-5_Vorwort.pdf, letzter Zugriff am 05.04.2007

Hassler, M. (2005)
Content Management Systeme, namics Whitepaper, St. Gallen 2005

Heinrich, L. J./Heinzl, A./Roithmayr, F. (2004)
Wirtschaftsinformatik-Lexikon, 7., vollständig überarbeitete und erweiterte Auflage,
München 2004

Heinze, D./Keller, A. (2004)
Der Preis der Freiheit – was Softwareentwickler über Open-Source-Lizenzen wissen
sollten, in: Sauerburger, H. (Hrsg.), HMD – Praxis der Wirtschaftsinformatik, 2004,
Nr. 238, S. 41 – 48

Heuer, A. (2001)
Web-Präsenz-Management im Unternehmen: Entwicklung und Einsatz eines Java-
basierten Online-Redaktionssystems, Trier 2001

Hofmann, T./Raitelhuber, U. (2002)
SGML/XML, http://www.th-o.de/sgml/sgmlv.htm, letzter Zugriff am 18.01.2007

Homburg, C./Krohmer, H. (2006)
Marketingmanagement: Strategie - Instrumente - Umsetzung - Unternehmensführung,
2., überarbeitete und erweiterte Auflage, Wiesbaden 2006

Hoppe, G./Brüggemann, T./Schwarze, J. (2002)
E-Commerce und LAMP-Architektur, in: WISU – Das Wirtschaftsstudium, 2002, Nr.
11, S. 1426 – 1433

Horn, T. (2007)
Vorgehensmodelle zum Softwareentwicklungsprozess, http://www.torsten-
horn.de/techdocs/sw-dev-process.htm, letzter Zugriff am 15.02.2007

Horváth, P. (1998)
Controlling, 7. vollständig überarbeitete Auflage, München 1998

impulse/Institut für Mittelstandsforschung (2004)

mind – Mittelstand in Deutschland, http://www.impulse.de/spe/mind/
mind03_download/mind_berichtsband.pdf, letzter Zugriff am 08.04.2007

impulse/IBM (2006)

Internet und E-Business im Mittelstand, http://www.impulse.de/
downloads/ibm_studie_2006.pdf, letzter Zugriff am 04.04.2007

Infopark, (2007)

Qualitätsmerkmale von Websites, http://www.infopark.de/download/
whitepapers/de/whitepaper_qualitaetsmerkmale_websites.pdf, letzter Zugriff am
14.03.2007

IT Wissen (2007a)

Java, http://www.itwissen.info/definition/lexikon//___java.html, letzter Zugriff am
21.03.2007

IT Wissen (2007b)

JavaScript, http://www.itwissen.info/definition/lexikon//___javascript .html, letzter
Zugriff am 21.03.2007

IT Wissen (2007c)

Verifikation, http://www.itwissen.info/definition/lexikon//__verification
_verifikation.html, letzter Zugriff am 21.03.2007

Jablonski, S./Meiler, C. (2002)

Web-Content-Managementsysteme, in: Informatik Spektrum, Jg. 25, 2002, Nr. 2, S.
101 – 119

Jacoby, A. (2007)

Klitsche oder Karriereschmiede in: Frankfurter Allgemeine Hochschulanzeiger, 2007,
Nr. 89, S. 14 – 17

Joomla! (2007a)

System Requirements, http://help.Joomla.org/content/view/34/169/, letzter Zugriff am
26.03.2007

Joomla! (2007b)

Was ist Joomla?, http://www.joomla.de/content/blogcategory/3/5/, letzter Zugriff am
05.04.2007

Joomla! (2007c)

Joomla! - Die Geschichte, http://www.joomla.de/content/view/123/5/, letzter Zugriff
am 05.04.2007

Julich, T. (2002)
Anforderungen an ein CMS, in: Berres, A./Bullinger, H-J. (Hrsg.), E-Business -
Handbuch für Einsteiger: Praxiserfahrungen, Strategien, Handlungsempfehlungen, 2.,
vollständig neu bearbeitete Auflage, Berlin u. a. 2002, S. 399 – 410

Kampffmeyer, U. (2003a)
Enterprise Content Management - Zwischen Vision und Realität,
http://www.contentmanager.de/magazin/artikel_398-print_ecm
_zwischen_vision_und_realit%C3%A4t.html, letzter Zugriff am 17.02.2007

Kampffmeyer, U. (2003b)
Enterprise Content Management - Zwischen Vision und Realität II,
http://www.contentmanager.de/magazin/artikel_400_ecm_teil_ii.html, letzter Zugriff
am 17.02.2007

Kesper, B./Matthai, M./Lindner, M. (2004)
Das große Buch: HTML, XHTML & CSS, 1. Auflage, Düsseldorf 2004

Kitz, A. (2004)
IT-Projektmanagement, 1. Auflage, Bonn 2004

Kleijn, A. (2006)
Open-Source-Lizenzen, http://www.heise.de/open/artikel/75786/0, letzter Zugriff am
04.01.2007

Kleinschmid, P./Rank, C. (2005)
Relationale Datenbank-Systeme - Eine praktische Einführung, 3., überarbeitete und
erweiterte Auflage, Berlin u. a. 2005

Kobert, T. (2000)
Das Einsteigerseminar HTML 4, 3. Auflage, Kaarst 2000

Koop, H./Jäckel, K./Offern, A. (2001)
Erfolgsfaktor Content Management - Vom Web Content zum Knowledge
Management, 1. Auflage, Braunschweig, Wiesbaden 2001

Kooths, S./Langenfurth, M./Kalwey, N. (2003)
Open Source-Software - Eine volkswirtschaftliche Bewertung, in: Dieckheuer,
G./Kooths, S. (Hrsg.), MICE Economic Research Studies, Vol. 4, Münster 2003, S. 1
– 105

Krause, J. (2005)
PHP 5: Grundlagen und Profiwissen - Webserver-Programmierung unter Windows in
Linux, 2., aktualisierte Auflage, München, Wien 2005

Kritzner, U. (2006)
JavaScript - Allgemeines, http://droeppez.de/download/js-tut/js-tut/seite0.html, letzter
Zugriff am 12.01.2007

Kronz, S. (2003)
Content Management: Einführung, Prozesse und Objekte, 1. Auflage, Saarbrücken 2003

Krüger, J. D. (2005)
CMS 2020 - die Zukunft von Content Management, in: Nix, M/Handke, G./Kampffmeyer, U. (Hrsg.), Web Content Management - CMS verstehen und auswählen, Frankfurt am Main 2005, S. 125 – 129

Leiteritz, R. (2004)
Open Source-Geschäftsmodelle, in: Gehring, R. A./Lutterbeck, B. (Hrsg.), Open-Source-Jahrbuch - Zwischen Softwareentwicklung und Gesellschaftsmodell, Berlin 2004, S. 139 – 170

Lyman, P./Varian, H. (2003)
How much information? 2003, http://www.sims.berkeley.edu /research/projects/how-much-info-2003/printable_report.pdf, letzter Zugriff am 16.03.2007

Maass, W./Stahl, F. (2007)
Marktübersicht zu Content Management Systemen, http://im.dm.hs-furtwangen.de/download.php?3c035bbef6c52b4b7da5c9c9dfde 4d42, letzter Zugriff am 17.04.2007

Marugg, T. (2001)
Metadaten für Content-Indizierung und Wissenssicherung, http://www.contentmanager.de/magazin/artikel_69_metadaten_fuer_content-indizierung_und.html, letzter Zugriff am 23.03.2007

Mertens, P./Bodendorf, F./König, W./Picot, A./Schumann, M./Hess, T. (2004)
Grundzüge der Wirtschaftsinformatik, 8. Auflage, Berlin u. a. (2004)

Meyers Lexikon Online (2007)
Validierung, http://lexikon.meyers.de/meyers/Validierung, letzter Zugriff am 21.03.2007

Mintert, S. (2004)
Extensible Markup Language (XML) 1.1, http://www.edition-w3c.de/TR/2004/REC-xml11-20040204/, letzter Zugriff am 12.01.2007

Mosch, T. (2004)
Trends in der IT-Nutzung im Mittelstand, in: Meinhardt, S. (Hrsg.), HMD – Praxis der Wirtschaftsinformatik, 2004, Nr. 240, S. 13 – 22

Münz, S./Nefzger W. (2002)
HTML: Die Profireferenz, Poing 2002

Nix, M (2004)

CMS-Usability-Checkliste, http://www.contentmanager.de/magazin/
artikel_472_cms_usability_checkliste.html, letzter Zugriff am 13.03.2007

Nix, M./Handke, G./Kampffmeyer, U. (2005)

Web Content Management – CMS verstehen und auswählen, Frankfurt am Main 2005

Nix, M. (2005a)

Transparenz statt bunter Verpackungen bei Open Source CMS,
http://www.contentmanager.de/magazin/artikel_605_open_source_cms_ez_publish.ht
ml, letzter Zugriff am 07.03.2007

Nohr, H. (2000)

Content Management – Die Einführung von Content Management-Systemen, in:
Nohr, H. (Hrsg.), Arbeitspapiere Wissensmanagement, 2000, Nr. 11, S. 1 – 13

n-sight (2005)

Marktübersicht zu Content-Management-Lösungen, Wendelstein 2005

Onasch, L. (2006)

Spezielle Anforderungen an Content Management Systeme für den Mittelstand,
http://www.contentmanager.de/magazin/artikel_917_con
tent_management_mittelstand_auswahl.html, letzter Zugriff am 30.03.2007

Onasch, L. (o. J.)

CMS: OpenSource vs. Kommerzielle Systeme, http://www.competence-
site.de/cms.nsf/CFF221679F97C363C1256
ECA00481F16/$File/cms_opensource_vs_kommerziell.pdf, letzter Zugriff am
01.03.2007

OpenFacts (2006)

Open-Source-Lizenzen, http://openfacts.berlios.de/index.phtml?tit le=Open-Source-
Lizenzen, letzter Zugriff am 08.01.2007

Open Source Initiative (2007)

The Open Source Definition, http://www.opensource.org/ docs/definition.php, letzter
Zugriff am 02.01.2007

Ostheimer, B./Janz, W. (2005)

Dokumenten-Management-Systeme – Abgrenzung, Wirtschaftlichkeit, rechtliche
Aspekte Arbeitspapiere Wirtschaftsinformatik, 2005, Nr. 7, Justus Liebig Universität
Giessen, http://geb.uni-giessen.de/geb/volltexte/2005/2430/, letzter Zugriff am
22.03.2007

Pfliegl, K. (2004)

Seiten-Generierer, in: Internet Professionell, 2004, Nr. 7, S. 40 – 43

Pols, A./Etter, C./Renner, T. (2004)
eBusiness-Investitionsbarometer 2004/2005 – Status quo und Perspektiven des eBusiness-Einsatzes in der deutschen Wirtschaft, in: Fraunhofer IAO und Wegweiser (Hrsg.), eBusiness Jahrbuch der deutschen Wirtschaft 2004/2005, Berlin 2004, S. 35 – 60

Rawolle, J. (2002)
Content Management integrierter Medienprodukte, 1. Auflage, Wiesbaden 2002

Raymond, E. S. (1998)
The Cathedral and the Bazaar, http://www.firstmonday.org/issues/ issue3_3/raymond/, letzter Zugriff am 29.01.2007

Redaxo (o. J.a)
Features/Idee, http://www.redaxo.de/148-0-featuresidee.html, letzter Zugriff am 09.04.2007

Redaxo (o. J.b)
Webseiten erstellen mit Redaxo, http://www.redaxo.de/169-0-a-3-webseiten-erstellen-mit-redaxo.html, letzter Zugriff am 09.04.2007

Reiter, B. E. (2004)
Wandel der IT: Mehr als 20 Jahre freie Software, in: Sauerburger, H. (Hrsg.), HMD – Praxis der Wirtschaftsinformatik, 2004, Nr. 238, S. 83 – 91

Renner, T./Vetter, M./Rex, S./Kett, H. (2005)
Open Source Software: Einsatzpotentiale und Wirtschaftlichkeit, Stuttgart 2005

Röwekamp, L. (2001)
Prinzipien und Aufbau eines Content Management Systems, in: Information, Management & Consulting, Jg. 16, 2001, Nr. 3, S. 12 – 17

Rottmann, A./Riedl, S. (2002)
XML Grundlagen, http://stud3.tuwien.ac.at/~e9926584/xml-grundla gen/xml-slides.pdf, letzter Zugriff am 12.04.2007

RRZN/Universität Hannover (2005)
PHP – Grundlagen Erstellung dynamischer Webseiten, 4., veränderte Auflage, Hannover 2005

SAP (o. J.)
Komponenten und Werkzeuge von SAP NetWeaver: SAP NetWeaver Portal, http://www.sap.com/germany/plattform/netweaver/com ponents/netweaverportal/index.epx, letzter Zugriff am 12.03.2007

Scheer, A.-W. (2002)
ARIS – Vom Geschäftsprozess zum Anwendungssystem, 4., durchgesehene Auflage, Berlin u. a. 2002

Schoop, E./Gersdorf, R./Jungmann B. (2002)
Content Management, in: Wirtschaftsinformatik, Jg. 44, 2002, Nr. 1, S. 79 – 85

Schreier, U. (2001)
Entity-Relationship-Darstellung in: Mertens, P. (Hrsg.), Lexikon der Wirtschaftsinformatik, 4., vollständig neu bearbeitete und erweiterte Auflage, Berlin u. a. 2001, S. 184 - 185

Schwaar, M./Moser, T. (2002)
CMS-Strategien für KMUs

Schwickert, A. C. (2004)
Dezentrales Web Content Management, in: Arbeitspapiere Wirtschaftsinformatik, 2004, Nr. 5, Justus Liebig Universität Giessen, http://geb.uni-giessen.de/geb/volltexte/2004/1551/, letzter Zugriff am 02.03.2007

Schwickert, A. C./Grund, H. (2004)
Web Content Management – Grundlagen und Anwendung mit dem Web Portal System WPS V.2.5, in: Arbeitspapiere Wirtschaftsinformatik, 2004, Nr. 3, Justus Liebig Universität Giessen, http://geb.uni-giessen.de/geb/volltexte/2004/1549/, letzter Zugriff am 22.03.2007

Selfhtml (2007)
Einführung in XML, http://de.selfhtml.org/xml/intro.htm, letzter Zugriff am 22.03.2007

SourceForge, (2007)
Software Map, http://sourceforge.net/softwaremap/trove_list.php, letzter Zugriff, 29.01.2007

Staaden, C. (2006)
Was hat der, was ich nicht habe? – Ein Überleben in Zeiten von Open Source, http://www.contentmanager.de/magazin/artikel_900_opensource_kommerzielle_software.html, letzter Zugriff am 02.01.2007

Stahlknecht, P./Hasenkamp, U. (2002)
Einführung in die Wirtschaftsinformatik, 10. Auflage, Berlin u. a. 2002

Stahlknecht, P./Hasenkamp, U. (2005)
Einführung in die Wirtschaftsinformatik, 11. Auflage, Berlin u. a. 2005

Stallman, R. (o. J.)
Richard Stallman's Personal Home Page, http://www.stallman.org, letzter Zugriff am 02.01.2007

Stein, S. (2004)
Vorgehensmodell Wasserfallmodell und V-Modell, http://emergenz.
hpfsc.de/html/node42.html, letzter Zugriff am 12.01.2007

Stein, T. (2000)
Intranet-Organisation: Durch Content Management die Potenziale des
unternehmensinternen Netzwerkzusammenschlusses nutzen, in:
Wirtschaftsinformatik, Jg. 42, 2000, Nr. 4, S. 310 – 317

Stock, S. (2001)
Customer Relationship Management (CRM), in: Mertens, P. (Hrsg.), Lexikon der
Wirtschaftsinformatik, 4., vollständig neu bearbeitete und erweiterte Auflage, Berlin
u. a. 2001, S. 125 – 126

Stöckl, A. (2004)
Web Content Management mit TYPO3, http://www.competence-
site.de/cms.nsf/4860DAD3F3524F0CC1256ECA00475EF2/$File/
cms_mit_typo3.pdf, letzter Zugriff am 09.04.2007

Stojanovich, A. (2006)
CMS – Open Source vs. Lizenzsoftware, http://www.contentmana
ger.de/magazin/artikel_863-print_cms_open_source_lizenzsoftware .html , letzter
Zugriff am 28.02.200

Tanenbaum, A. S. (2004)
Computernetzwerke, 4., überarbeitete Auflage, München u. a. 2004

Typo3 (2006)
What is Typo3?, http://typo3.com/About.1231.0.html, letzter Zugriff am 28.02.2006

Universität Ulm (2007)
JavaScript – Gefahren und Anwendungsmöglichkeiten durch JavaScript,
http://www.mathematik.uni-ulm.de/sai/ws01/portalsem/ wiede/, letzter Zugriff am
16.04.2007

Vignette (2007a)
Produkte, http://www.vignette.com/de/Produkte, letzter Zugriff am 28.02.2007

Vignette (2007b)
Summary of Support Levels, http://www.vignette.com/de/Support/
Compare+Support+Levels, letzter Zugriff am 28.02.2007

von Kiedrowski, J. (2004)
Open-Source-Software – E-Learning zum Nulltarif?, in: Hohenstein, A./Wilbers, K.
(Hrsg.), Handbuch E-Learning – Expertenwissen aus Wissenschaft und Praxis, 9.
Ergänzungslieferung, Köln 2004,
S. 1 – 15

von Bechtolsheim, M./Oberbauer, R. (2001)
Content Management ist Wissensmanagement – Strategien, Prozesse, Technologien, in: Information, Management & Consulting, Jg. 16, 2001, Nr. 3, S. 7 – 11

Voss, A. (2005)
Das große PC & Internet Lexikon 2006, komplett aktualisierte 11. Auflage, Düsseldorf 2005

Waehlert, L (2007)
Betriebswirtschaftliche Grundlagen des Informationsmanagements, http://www.wi.uni-trier.de/lehre/veranstaltungen/Hauptstudium/Ver anstaltungen/IM/IM_Skript_Teil2_2_05.pdf, letzter Zugriff am 11.04.2007

Wapedia (2007)
Vorgehensmodell (Software), http://wapedia.mobi/de/Vorgehens modell_(Software), letzter Zugriff am 21.03.2007

Weiland, J. (2006)
Einführung in das TYPO3 Content Management System, http://typo3-s.org/uploads/media/TYPO3-Einfuehrung.pdf, letzter Zugriff am 08.04.2007

Weinstein, A. (2000)
Content Management. Inhalte effektiv verwalten, in: Internet Professionell, 2000, Nr. 7, S. 38 – 43

Wenz, C. (2007)
JavaScript und Ajax: das umfassende Handbuch, 7., aktualisierte Auflage, Bonn 2007

Wieland, T. (2004)
Stärken und Schwächen freier und Open-Source-Software im Unternehmen, in: Gehring, R. A./Lutterbeck, B. (Hrsg.), Open-Source-Jahrbuch – Zwischen Softwareentwicklung und Gesellschaftsmodell, Berlin 2004, S. 107 – 120

Wikipedia (2007)
Typo3, http://de.wikipedia.org/wiki/TYPO3, letzter Zugriff am 28.02.2007

Wirtz, B. W. (2001)
Electronic Business, 2., vollständig überarbeitete und erweiterte Auflage, Wiesbaden 2001

Wilhelm, S. (2000)
Content Management beginnt im Kopf, in: Barabas, M./Rossbach, G. (Hrsg.), Internet – E-Business-Strategien für die Unternehmensentwicklung, 1. Auflage, Karlsruhe 2000, S. 161 – 168

Wilhelm, S. (2002)

Content Management Systeme, in: Berres, A./Bullinger, H-J. (Hrsg.), E-Business –
Handbuch für Einsteiger: Praxiserfahrungen, Strategien, Handlungsempfehlungen, 2.
Vollständig neu bearbeitete Auflage, Berlin u. a. 2002, S. 387 – 398

Wilhelm, S. (2005)

Verfahren zur Einführung eines internetbasierten Content Management für
Qualitätsregelkreise in der Produktion, in: Westkämper, E./Bullinger, H.-J./Spath, D.
(Hrsg.), IPA – IAO Forschung und Praxis, Stuttgart 2006, Nr. 434, S. 1 - 184

World Wide Web Consortium (2002)

XHTML™ 1.0 The Extensible HyperText Markup Language (Second Edition),
http://www.w3.org/TR/xhtml1/, letzter Zugriff am 27.01.2007

World Wide Web Consortium (2006)

Extensible Markup Language (XML) 1.1 (Second Edition),
http://www.w3.org/TR/xml11/, letzter Zugriff am 12.01.2007